Wie Vater und Mutter ein Kind bekommen

Gezeichnet und erzählt von
Per Holm Knudsen

Quelle & Meyer

© 1971 Per Holm Knudsen.
Originaltitel: Sadan far man et barn
Originalverlag: Borgens Forlag, Kopenhagen

Ins Deutsche übersetzt von Christa Bernhardt

13. Auflage 2008
©1972, 2008, by Quelle & Meyer Verlag GmbH & Co., Wiebelsheim
Das Werk ist einschließlich aller seiner Teile urheberrechtlich
geschützt. Jede Verwertung außerhalb der engen Grenzen des
Urheberrechtsschutzes ist ohne Zustimmung des Verlages
unzulässig und strafbar. Dies gilt insbesondere für Vervielfältigungen auf fotomechanischem Wege (Fotokopie, Mikrokopie), Übersetzungen, Mikroverfilmungen und die Einspeicherung
und Verarbeitung in elektronischen und digitalen Systemen
(wie CD-ROM, DVD, Internet etc.).
Druck: AZ Druck & Datentechnik GmbH, Kempten
Printed in Germany/Imprimé en Allemagne
ISBN 978-3-494-01447-0

Wie Vater und Mutter ein Kind bekommen

Soll ich dir erzählen, wie man ein Kind bekommt? Du weißt ja, dass ein Kind einen Vater und eine Mutter hat. Mutter und Vater müssen einander helfen, wenn sie ein Kind haben wollen.
Vater und Mutter wohnen nicht immer beieinander, wenn das Kind größer wird. Aber das Kind haben sie miteinander bekommen.

Hier siehst du ein Baby.
Weißt du, wie es auf die Welt gekommen ist?

Hier siehst du Vater und Mutter.
Sie haben das Baby miteinander bekommen.

Hier haben Vater und Mutter keine Kleider an.
Du kannst Mutters Brust sehen
und Mutters Schlitz.
Den Schlitz nennt man Scheide.

Du kannst Vaters Schwänzchen sehen.
Das Schwänzchen nennt man Glied.
Du kannst auch das Säcklein sehen,
das Vater zwischen seinen Beinen hat.
Es heißt Hodensack.

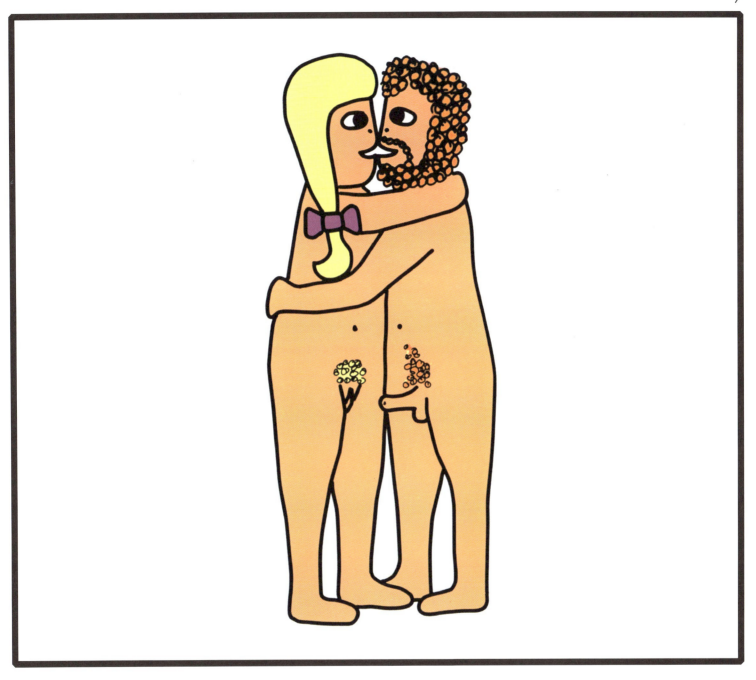

Mutter und Vater haben sich sehr lieb.
Sie küssen einander.
Vaters Glied ist groß geworden.
Es steht steif heraus.

Mutter und Vater möchten gern,
dass Vaters Glied in Mutters Scheide kommt.
Das ist nämlich schön.

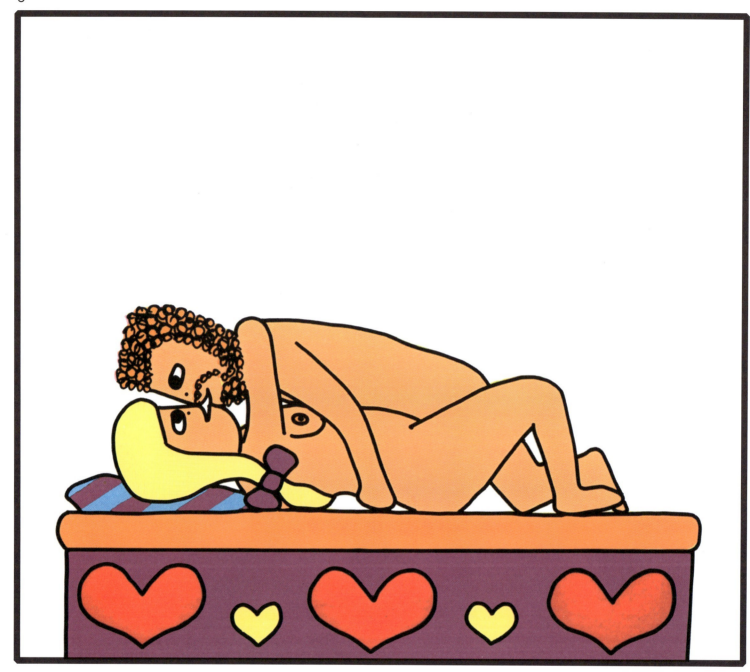

Mutter und Vater legen sich aufs Bett.
Sie bringen das Glied in die Scheide.
So können sie miteinander spielen.
Vater und Mutter schaukeln miteinander auf und ab.
Das nennt man beischlafen.
Das kann ganz toll sein.
So können Mutter und Vater ein Kind bekommen,
wenn sie es wollen.

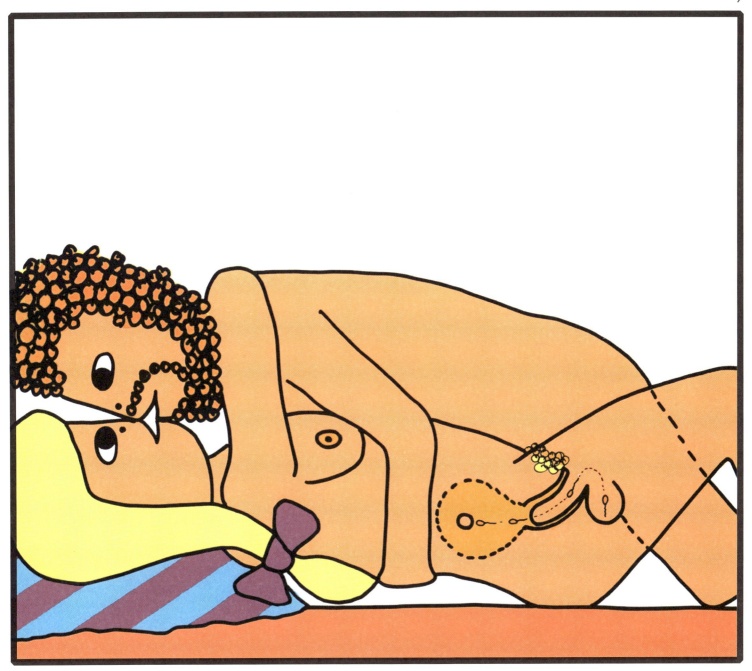

Mutter und Vater haben sich sehr lieb.
Sie möchten gern ein Kind haben.
Im Säcklein des Vaters sind viele kleine Samenzellen.
Wenn Vater und Mutter beischlafen,
kommen die Samenzellen aus dem Glied heraus.

Die Samenzellen schwimmen in
Mutters Scheide hinein
und kommen in eine Höhle in Mutters Bauch.
Diese Höhle heißt Gebärmutter.
In ihr ist von Zeit zu Zeit ein winziges Ei.

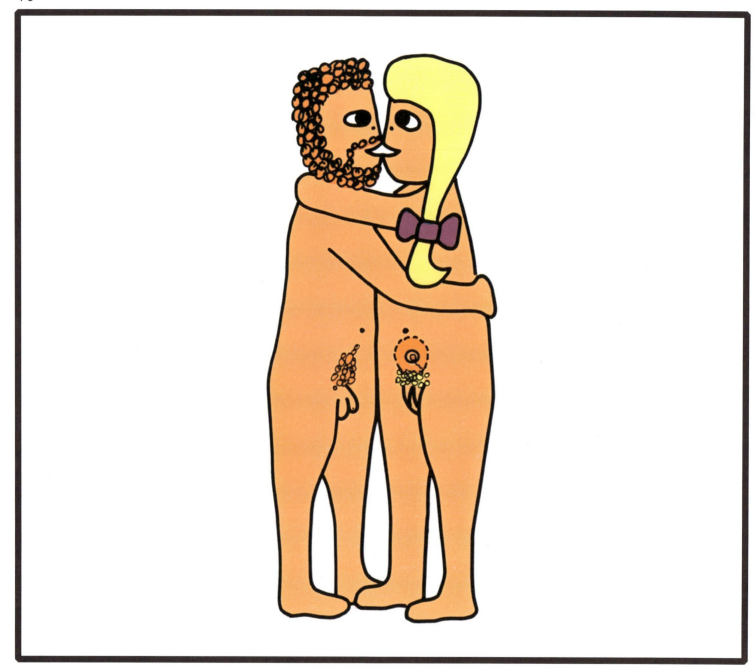

Mutter und Vater stehen von ihrem Bett auf.
Sie sagen: es war sehr schön.
Sie küssen sich wieder.

Eine der Samenzellen hat das Ei gefunden
und ist hineingekrabbelt.
Aber davon wissen Mutter und Vater jetzt noch nichts.

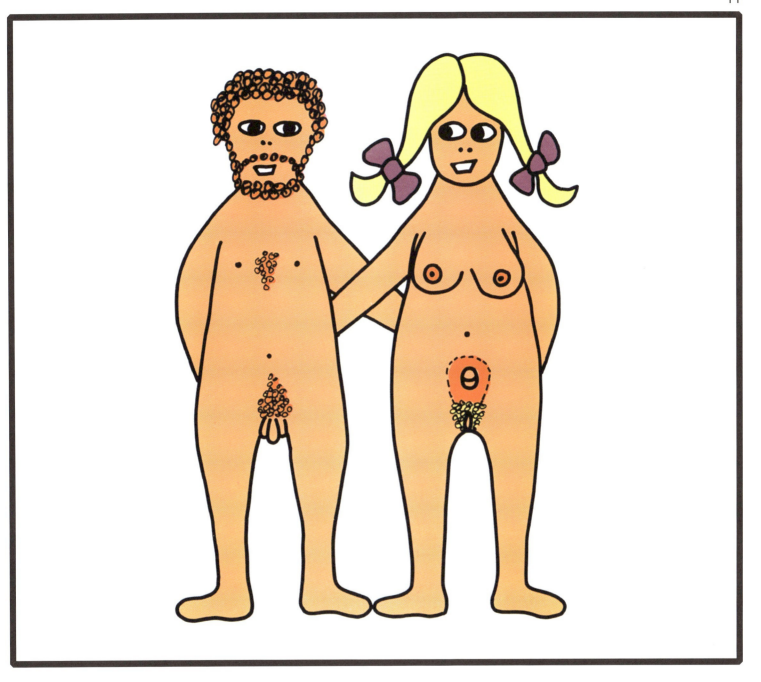

Vater und Mutter sind gespannt,
ob die Samenzelle und das Ei
einander gefunden haben.

Die Samenzelle und das Ei können nämlich
zu einem Kügelchen zusammenwachsen.
Aus diesem Kügelchen wird ein kleiner Mensch.

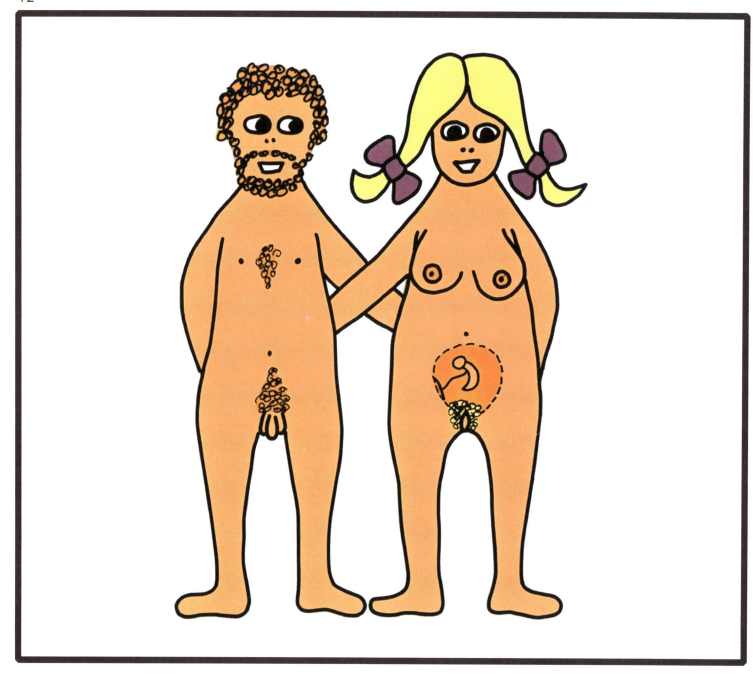

Das Kind ist in der Mutter drin.
Es hat eine Schnur,
die verbindet es mit dem Mutterkuchen.
Die Schnur heißt Nabelschnur.

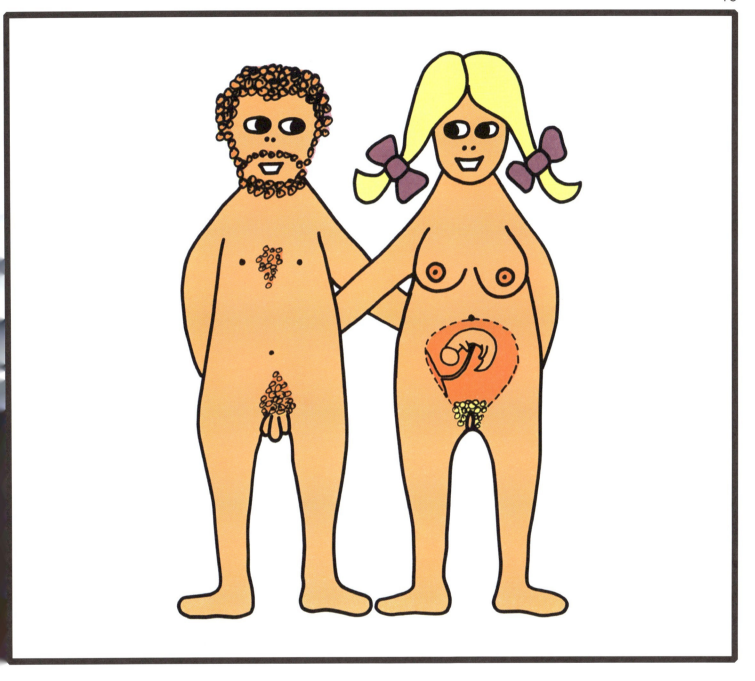

Durch die Nabelschnur bekommt das Kind Nahrung von der Mutter.
Die Nahrung ist im Mutterkuchen.
Das Kind wächst.
Es bekommt Ärmchen und Beinchen.

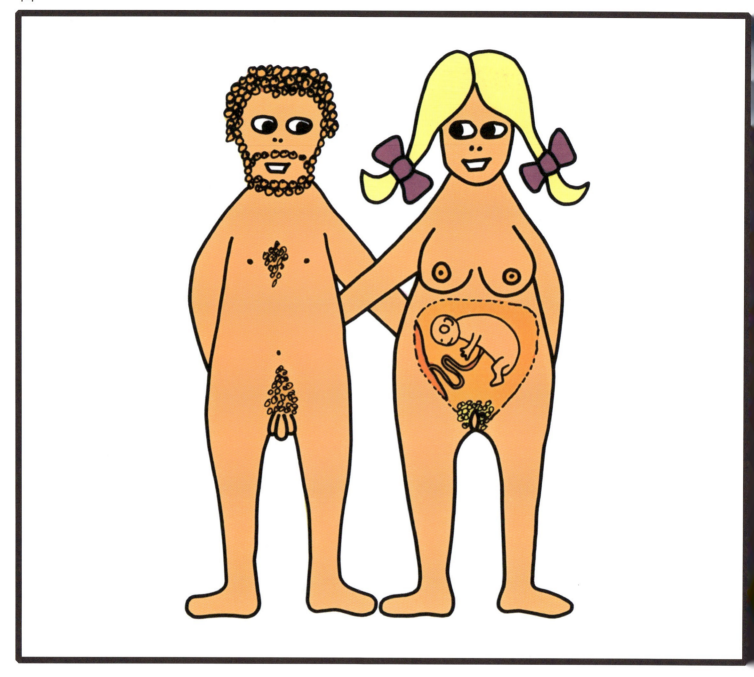

Die Arme und die Beine wachsen.
Auch der Kopf wächst.
Der Mutterkuchen wächst auch.

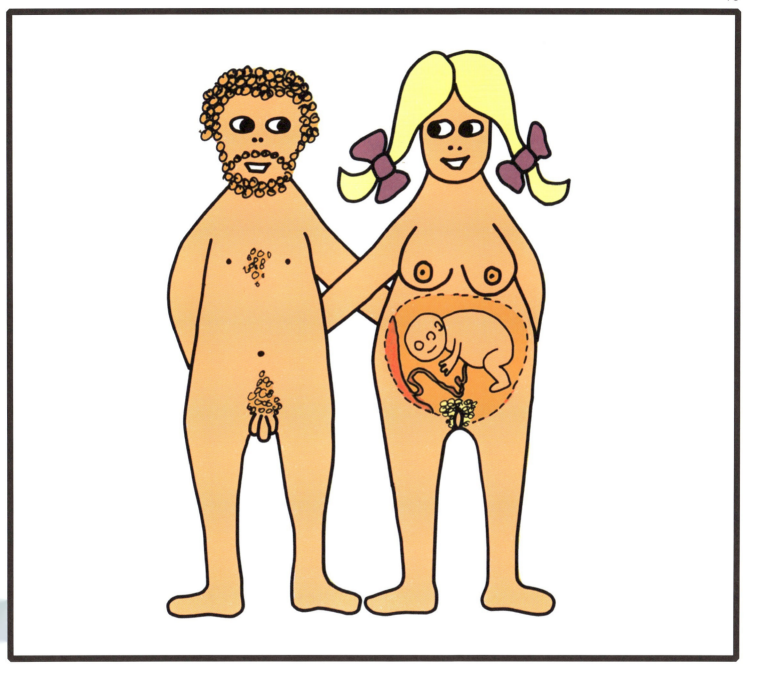

Das Kind hat Äuglein und Öhrchen.
Es kann drinnen im Bauch der Mutter nichts sehen,
aber es kann gut hören.
Es bekommt die ganze Zeit Nahrung durch die Nabelschnur.

Das Kind wird größer und größer.
Auch Mutters Bauch wird größer
und größer.
Dem Vater gefällt Mutter so sehr gut.

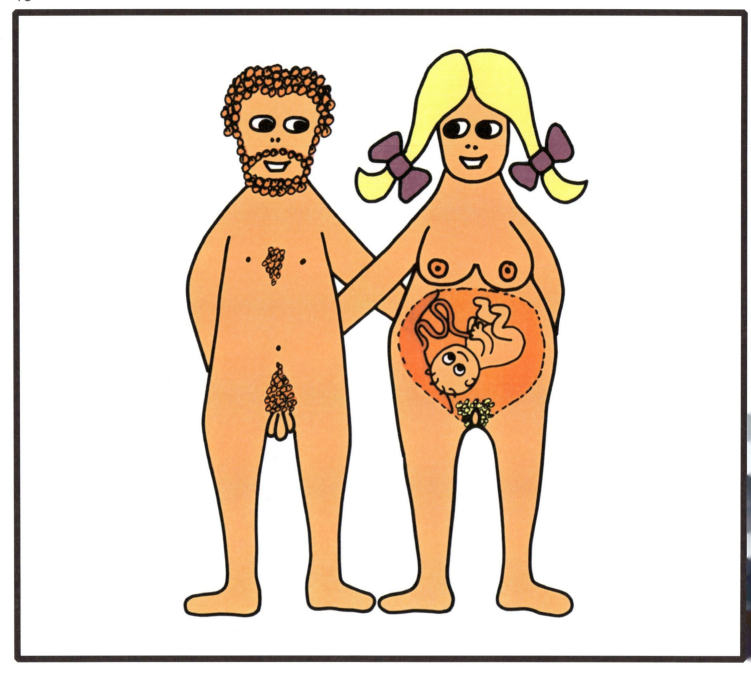

Es vergehen viele, viele Tage.
Neun Monate sind vergangen,
seitdem die Samenzelle und das Ei einander gefunden haben.
Nun ist das Kind so groß, dass es heraus will.

Mutters Bauch ist so groß geworden,
dass ihr fast kein Kleid mehr passt.
„Ich kann spüren, wie sich die Gebärmutter zusammenzieht",
sagt die Mutter zum Vater.

„Jetzt ist es bald so weit, dass ich
unser Kind zur Welt bringe."

Vater fährt Mutter in die Klinik.

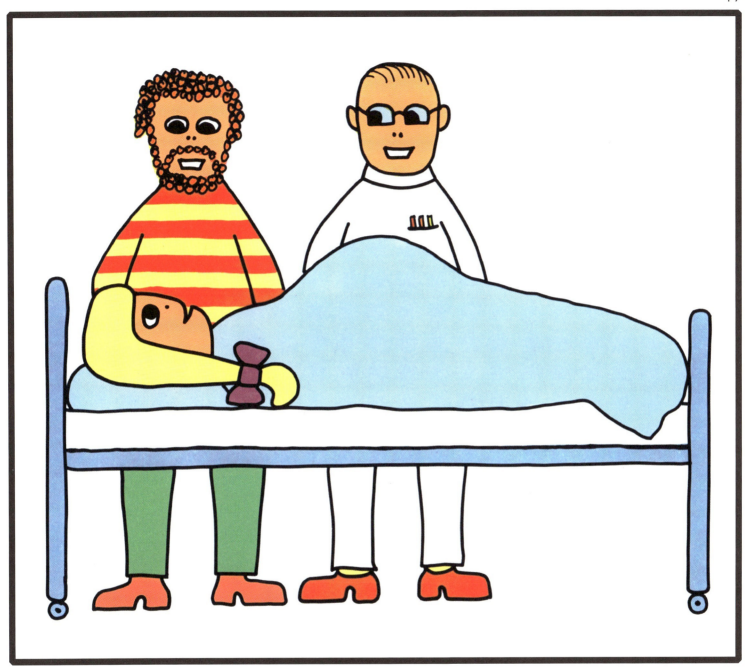

Mutter legt sich in der Klinik ins Bett.
Dann kommt ein Arzt
und spricht mit Mutter und Vater.
Der Arzt wird Mutter bei der Geburt des Kindes helfen.

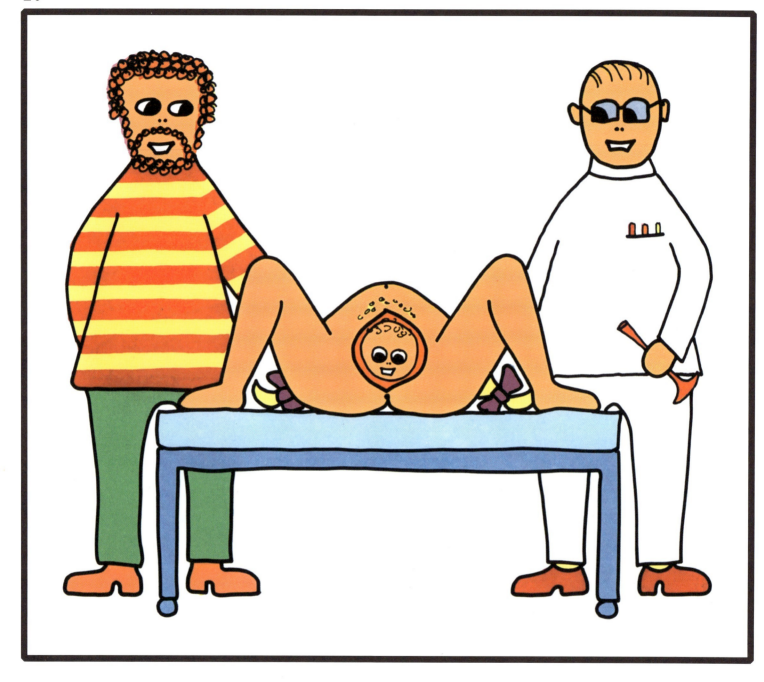

Dann beginnt Mutter zu gebären.
Erst kommt der Kopf des Kindes aus Mutters Scheide heraus.

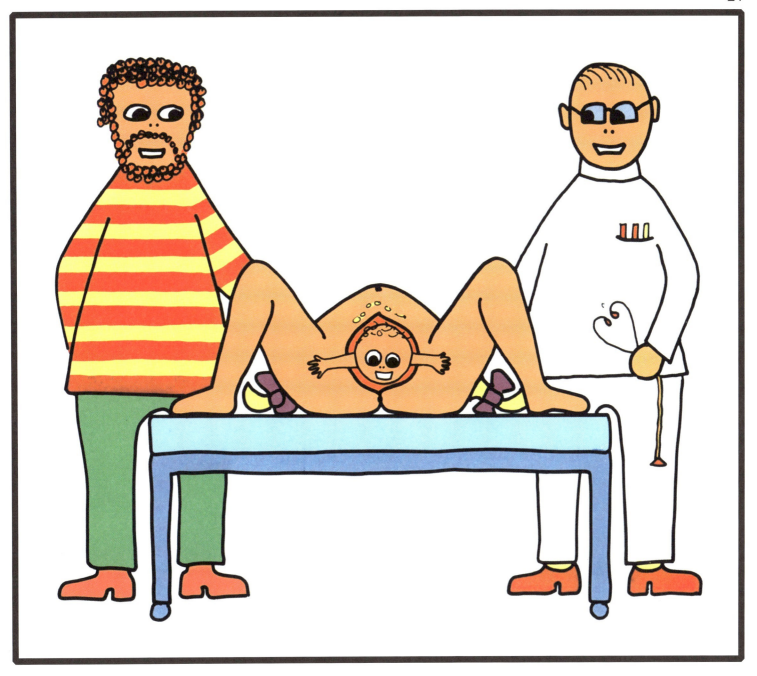

Dann kommen die Arme des Kindes heraus.

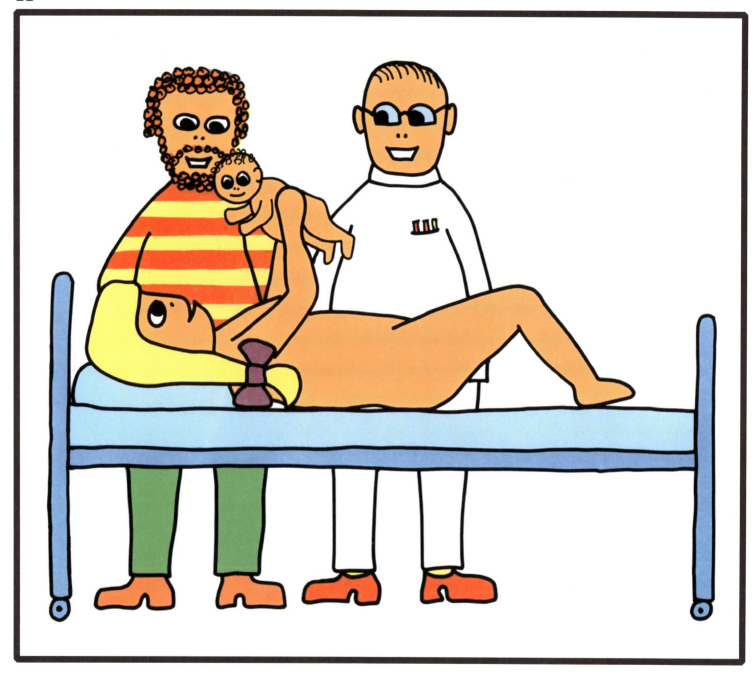

Jetzt ist das Kind ganz aus der Mutter herausgekommen.
Der Arzt hat die Nabelschnur abgeschnitten.
Auch der Mutterkuchen ist herausgekommen.
Jetzt ist das Kind geboren.

Mutter und Kind ruhen sich einige Tage aus.
Dann kommen sie wieder heim.
Wenn das Kind Hunger hat,
trinkt es Milch aus Mutters Brüsten.

So bekommen Vater und Mutter ein Kind.
Wenn es etwas gibt, was du nicht verstehst,
brauchst du nur deine Mutter und deinen Vater zu fragen.

Du kannst auch sonst jemanden fragen,
den du gut leiden magst.